ESSENTIAL GUIDE TO CHINESE HISTORY

PART 3

SECOND EDITION (LARGE PRINT)

WESTERN ZHOU DYNASTY

西周

学习简单的中国历史文化

QING QING JIANG

PREFACE

Welcome to the Chinese History series, a series dedicated to helping Mandarin Chinese learners improve Chinese reading skills. In this series, we will discover China's 5,000-year-old history. Each of the book will focus on one important ruling Chinese dynasty. The books contain numerous lessons in Mandarin Chinese. We start with a ruling dynasty specific preface (前言), a brief introduction to the dynasty or related themes, and continue to dig the important aspects of the ruling era, such as politics, economy, etc. in the form or chapters. Each book contains 5 to 10 chapters. For the readers' convenience, a comprehensive list of vocabulary has been provided at the beginning of each chapter. The pinyin for the Chinese text is provided after the main text. Further, to enforce deeper learning, the English interpretation of the Chinese text has been purposely excluded for the books. This would help the readers think deeply about the contents the way native Chinese think. In order to help the Chinese learner remember important characters, words, long words, idioms, etc., these entities have been purposely repeated throughout the book, and across the books in the series. Taken together, the books in Chinese History series will tremendously help readers improve their Chinese reading skills.

If you have any questions, suggestions, and feedbacks, feel free to let me know in the review or comments.

You can find more about China and Chinese culture on my amazon homepage.

I blog at:

www.QuoraChinese.com

-Qing Qing

FEB 2023

©2023 Qing Qing Jiang

All rights reserved.

ESSENTIAL GUIDE TO CHINESE HISTORY

ACKNOWLEDGMENTS

I am a blogger. It has been a long and interesting journey since I started blogging quite a few years ago.

The blogging passion enabled me to write useful contents. In particular, I have been writing about China, and its culture.

My passion in writing was supported by my friends, colleagues, and most importantly, the almighty.

I thank everyone for constantly inspiring me in my life endeavours.

CONTENTS

PREFACE 2
ACKNOWLEDGMENTS 4
CONTENTS 5
INTRODUCTION TO THE HISTORY OF WESTERN ZHOU DYNASTY (西周历史简介) 7
THE ORIGIN OF ZHOU PEOPLE (周人的起源) 10
KING WU ATTACKED ZHOU (武王伐纣) 15
ESTABLISHMENT OF THE KINGDOM IN THE ZHOU DYNASTY (周室初立) .. 20
GOVERNANCE OF CHENGKANG (成康之治) 24
FROM PROSPERITY TO DECLINE (由盛转衰) 29
THE DEMISE OF THE WESTERN ZHOU DYNASTY (西周的灭亡) 33

前言

　　周代可以分为两段，一个是西周，一个是东周。灭商后创办的王朝是西周，东迁以后这一段时间被称为东周，东周又可以具体分为春秋时期和战国时期，这两个时期我们会在后面着重讲。今天就先来讲一讲西周，西周是继商朝之后的朝代，也就是中国的第三个朝代，是由周武王姬发经牧野之战后灭商建立的。姬发在历史上也是一个小有名气的人物，还有以他为主角的电视剧，感兴趣的可以了解相关影视剧，以一种喜闻乐见的方式去了解历史能起到更好的效果，比单纯的看历史课本更加有趣，没有那么枯燥无味。值得注意一下的是西周的末代皇帝，他便是周幽王，与姬发相反，这个人在历史上是臭名昭著，烽火戏诸侯的故事无人不知无人不晓，至今仍然是人们的笑柄。听了这么多，也没有想了解的欲望？那就一起往下看吧。

Zhōu dài kěyǐ fēn wéi liǎng duàn, yīgè shì xīzhōu, yīgè shì dōngzhōu. Miè shāng hòu chuàngbàn de wángcháo shì xīzhōu, dōng qiān yǐhòu zhè yīduàn shíjiān bèi chēng wèi dōngzhōu, dōngzhōu yòu kěyǐ jùtǐ fēn wéi chūnqiū shíqí hé zhànguó shíqí, zhè liǎng gè shíqí wǒmen huì zài hòumiàn zhuózhòng jiǎng. Jīntiān jiù xiān lái jiǎng yī jiǎng xīzhōu, xīzhōu shì jì shāng zhāo zhīhòu de cháodài, yě jiùshì zhōngguó de dì sān gè cháodài, shì yóu zhōu wǔwáng jī fā jīng mùyě zhī zhàn hòu miè shāng jiànlì de. Jī fā zài lìshǐ shàng yěshì yīgè xiǎo yǒu míngqì de rénwù, hái yǒu yǐ tā wéi zhǔjiǎo de diànshìjù, gǎn xìngqù de kěyǐ liǎojiě xiāngguān yǐngshì jù, yǐ yī zhǒng xǐwénlèjiàn de fāngshì qù liǎojiě lìshǐ néng qǐ dào gèng hǎo de xiàoguǒ, bǐ dānchún de kàn lìshǐ kèběn gèngjiā yǒuqù, méiyǒu nàme kūzàowúwèi. Zhídé zhùyì yīxià de shì xīzhōu de mòdài huángdì, tā biàn shì zhōu yōuwáng, yǔ jī fā xiàng fǎn, zhège rén zài lìshǐ shàng shì chòumíng zhāozhù, fēnghuǒ xì zhūhóu de gùshì wú rén bùzhī wú rén bù xiǎo, zhìjīn réngrán shì rénmen de xiàobǐng. Tīngle zhème duō, yě méiyǒu xiǎng liǎojiě de yùwàng? Nà jiù yīqǐ wǎng xià kàn ba.

INTRODUCTION TO THE HISTORY OF WESTERN ZHOU DYNASTY (西周历史简介)

The Western Zhou Dynasty (西周, 1046 BC-771 BC) was a historical dynasty in China.

In the 11th century BC, King Wu of Zhou (周武王) founded the Zhou Dynasty by destroying the Shang Dynasty (商朝). He established his capital at Ho (镐), located in the northwest of today's Chang'an District, Xi'an (今西安市长安区西北). After King Cheng of Zhou (周成王) controlled power, he built a new capital, Chengzhou (成周), located in modern Luoyang, Henan (河南洛阳).

During the reigns of King Cheng of Zhou, and King Kang of Zhou (周康王), the Zhou Dynasty was very prosperous, the polity was stable, the people lived in harmony. This period is known as "the rule of Chengkang" (成康之治) in Chinese history.

Unfortunately, after the succession of King Yi of Zhou (周懿王), politics became increasingly corrupt. The strength of the imperial power continued to decline. Due to the repeated attacks of the Xirong (西戎), tribesmen close to the western frontiers of the Zhou dynasty, the capital was moved to Quanqiu (犬丘), located in the southeast of modern Xingping, Shaanxi (陕西兴平东南). The trouble continued until the collapse of the dynasty in 771 BC.

In 771 BC, King You of Zhou (周幽王) was killed by Quan Rong (犬戎). Next year (次年), and King Ping of Zhou (周平王) moved the capital eastward to Luoyi (洛邑, the ancient name of Luoyang), which was the beginning the Eastern Zhou Dynasty (东周, 770 BC - 256 BC).

From the collapse of the Shang Dynasty (商朝) by King Wu of Zhou (周武王) to the fall of King You (幽王), a total of 12 kings, stretching over 11 generations, ruled the Western Zhou Dynasty (东周, 770 BC - 256 BC).

The Western Zhou dynasty was the heyday of China's slave society, with higher social productivity than that of the Shang Dynasty, flourishing agriculture, and further development of culture.

Patriarchal clan system (宗法制), and minefield system (井田制) of land ownership in China's slave society were the fundamental of the social, political and economic systems at that time. When the Zhou Dynasty was strong and prosperous, its power reached the south across the Yangtze River, Liaoning Province from the northeast, Gansu Province in the West, and Shandong Province in the East.

Which dynasty has the longest lifespan in Chinese history?

Many people will say that it is the Han Dynasty (汉朝, 202 BC to 220 AD). In fact, in the strict sense, the Han Dynasty is not the longest dynasty. From the establishment of the Western Han Dynasty (西汉) to the demise of the Eastern Han Dynasty 东汉, even if you count the Xin Dynasty (新朝, 9 AD – 23 AD) and Xuanhan (玄汉, 23 AD – 25 AD), it is only 425 years.

The Zhou Dynasty had a total of 791 years.

Therefore, in the ranking of the longevity of the dynasties, the Zhou Dynasty should be firmly in the first place. Even if the controversial Xia and Shang dynasties are counted, the Zhou Dynasty is still the well-deserved first lifespan king.

Because the state of the Zhou Dynasty was too long, in order to facilitate future research, it has been customary in history to divide the Zhou Dynasty into the Western Zhou and the Eastern Zhou, and the Eastern Zhou was divided into the Spring and Autumn Period and the Warring States Period.

From 1046 BC, when King Wu of Zhou established the Zhou Dynasty, to 771 BC, when King You of Zhou was killed by the Quan Rong, it lasted 275 years. This period is called "Western Zhou" in history.

From 770 BC, when King Ping of Zhou moved the capital to Luoyi, to the end of the dynasty in 256 BC, the dynasty lasted 515 years. This period is called "Eastern Zhou" in history.

The starting point of the Eastern Zhou Dynasty is also the starting point of the Spring and Autumn Period, but the end of the Eastern Zhou Dynasty is not the end of the Warring States, because the end of the Warring States was marked by the establishment of the Qin Dynasty by Qin Shihuang in 221 BC.

This book will focus on Western Zhou. The Spring and Autumn Period and the Warring States Period are covered in the other books.

THE ORIGIN OF ZHOU PEOPLE (周人的起源)

1	关于	Guānyú	About; on; with regard to; concerning
2	历史	Lìshǐ	History; past records
3	追溯到	Zhuīsù dào	Trace back to
4	很久	Hěnjiǔ	For ages; a long time ago
5	很久以前	Hěnjiǔ yǐqián	Long before; long, long ago
6	古老	Gǔlǎo	Ancient; antiquity; old age; hoariness
7	部落	Bùluò	Tribe
8	生活	Shēnghuó	Life; live; exist; livelihood
9	西部地区	Xībù dìqū	The west area; a western part
10	相传	Xiāngchuán	Tradition has it that; according to legend; hand down; pass on
11	西周	Xīzhōu	The Western Zhou Dynasty
12	祖师爷	Zǔ shīyé	Venerable masters; founder of the lineage
13	在当时	Zài dāngshí	At that time; in those days
14	委以重任	Wěi yǐ zhòngrèn	Entrust with an important post
15	提携	Tíxié	Lead by the hand
16	农耕	Nónggēng	Peasant tiller
17	名气	Míngqì	Reputation; fame; name
18	越来越大	Yuè lái yuè dà	Bigger and bigger; louder and louder; larger
19	后代	Hòudài	Later periods; later ages; later generations
20	擅长于	Shàncháng yú	Be good at; be clever at; do well in

21	前人	Qián rén	Predecessors; forefathers
22	栽树	Zāi shù	Plant trees
23	发展速度	Fāzhǎn sùdù	Development speed
24	隶属于	Lìshǔ yú	Be subordinate to; be under the jurisdiction of command of; member of
25	商朝	Shāng cháo	Shang dynasty (1700 BC-1045 BC)
26	姓氏	Xìngshì	Surname
27	历代	Lìdài	Successive dynasties; past dynasties
28	君主	Jūnzhǔ	Monarch; sovereign
29	比较	Bǐjiào	Compare; compare with; contrast; parallel
30	贤明	Xiánmíng	Wise and able; sagacious
31	个人	Gèrén	Individual; personal
32	还是	Háishì	Still; nevertheless
33	关系	Guānxì	Relation; filiation; relationship; relevance
34	谋略	Móulüè	Astuteness and resourcefulness; strategy
35	一方面	Yī fang miàn	On the one hand...; on the other hand
36	殷商	Yīn shāng	The Shang/Yin dynasty
37	自己的	Zìjǐ de	Self
38	不仅如此	Bùjǐn rúcǐ	Not only that
39	平定	Píngdìng	Calm down; pacify
40	叛乱	Pànluàn	Rebel; rise in rebellion; armed rebellion; insurrection
41	诸侯	Zhūhóu	Dukes or princes under an emperor; the feudal princes
42	联合起来	Liánhé qǐlái	Gang up; join forces with

43	城邦	Chéngbāng	City-state
44	法律法规	Fǎlǜ fǎguī	Laws and regulations; law; Laws & Regulations
45	政治上	Zhèngzhì shàng	Political; in politics
46	勤勤恳恳	Qín qínkěn kěn	Work diligently and conscientiously; be diligent and conscientious; earnest and assiduous; painstakingly
47	小人	Xiǎo rén	A base person; villain; vile character
48	手下	Shǒuxià	Under the leadership of; under
49	一大批	Yī dàpī	Host; rush
50	讨伐	Tǎofá	Send armed forces to suppress; send a punitive expedition against
51	想法	Xiǎngfǎ	Idea; opinion
52	付诸	Fù zhū	Implement; submit/present to
53	实践	Shíjiàn	Practice; put into practice; carry out; reduce to practice
54	父亲	Fùqīn	Father
55	心愿	Xīnyuàn	Cherished desire; aspiration; wish; one's heart's desire

Chinese (中文)

关于周人的历史可以追溯到很久很久以前，可以说周人是一个很古老的部落了，生活在中国的西部地区。

相传西周的祖师爷"弃"，也叫"后稷"，他非常会耕作，在农业这方面可以说是专家了，在当时还是具有一定的影响力的。当时的统治者还是尧，见他是个可塑之才，可以委以重任。尧便提携他，给予了他一个农师的称号，专门负责农耕方面的工作。因此他的名气也越来越大，最后被世人称为农神。

在此基础上，后代周人也特别擅长于农耕，在农业这方面十分领先，凭借农业得以立足。而且有了前人的栽树，周人的发展速度非常快。但在当时，周也只是隶属于商朝下的一个小方国。

周人的姓氏是姬姓，历代君主中比较贤明的有周文王姬昌和周武王姬发，这两个人还是父与子的关系。

周文王也是一个相当有谋略的人，一方面他能处理好与殷商的关系，一方面又在偷偷壮大自己的力量。不仅如此，周文王还平定了多地的叛乱，将各诸侯联合起来，打造了一个稳定的城邦。

而且周文王也十分擅长于治国和管理，他制定和健全法律法规和相关政治机构，在政治上勤勤恳恳，对工作十分负责，对人民也是十分爱护。亲贤臣而远小人，周文王真正的做到了。他手下聚集了一大批的贤明之才，这批人才也为之后讨伐商朝起到了很大的作用，奠定了统治的基础。

而周武王则是将他的想法付诸于实践的人，也便是了了他父亲的一桩心愿。

Pinyin (拼音)

Guānyú zhōu rén de lìshǐ kěyǐ zhuīsù dào hěnjiǔ hěnjiǔ yǐqián, kěyǐ shuō zhōu rén shì yīgè hěn gǔlǎo de bùluòle, shēnghuó zài zhōngguó de xībù dìqū.

Xiāngchuán xīzhōu de zǔ shīyé "qì", yě jiào "hòu jì", tā fēicháng huì gēngzuò, zài nóngyè zhè fāngmiàn kěyǐ shuō shì zhuānjiāle, zài dāngshí háishì jùyǒu yīdìng de yǐngxiǎng lì de. Dāngshí de tǒngzhì zhě háishì yáo, jiàn tā shìgè kěsù zhī cái, kěyǐ wěi yǐ zhòngrèn. Yáo biàn tíxié tā, jǐyǔle tā yīgè nóng shī de chēnghào, zhuānmén fùzé nónggēng fāngmiàn de gōngzuò. Yīncǐ tā de míngqì yě yuè lái yuè dà, zuìhòu bèi shìrén chēng wèi nóng shén.

Zài cǐ jīchǔ shàng, hòudài zhōu rén yě tèbié shàncháng yú nónggēng, zài nóngyè zhè fāngmiàn shífēn lǐngxiān, píngjiè nóngyè déyǐ lìzú. Érqiě yǒule qián rén de zāi shù, zhōu rén de fā zhǎn sùdù fēicháng kuài. Dàn zài dāngshí, zhōu yě zhǐshì lìshǔ yú shāng cháo xià de yīgè xiǎo fāng guó.

Zhōu rén de xìngshì shì jī xìng, lìdài jūnzhǔ zhōng bǐjiào xiánmíng de yǒu zhōuwén wángjī chānghé zhōu wǔwáng jī fā, zhè liǎng gèrén háishì fù yǔ zi de guānxì.

Zhōuwén wáng yěshì yīgè xiāngdāng yǒu móulüè de rén, yī fāngmiàn tā néng chǔlǐ hǎo yǔ yīn shāng de guānxì, yī fāngmiàn yòu zài tōutōu zhuàngdà zìjǐ de lìliàng. Bùjǐn rúcǐ, zhōuwén wáng hái píngdìngle duō dì de pànluàn, jiāng gè zhūhóu liánhé qǐlái, dǎzàole yīgè wěndìng de chéngbāng.

Érqiě zhōuwén wáng yě shífēn shàncháng yú zhìguó hé guǎnlǐ, tā zhìdìng hé jiànquán fǎlǜ fǎguī hé xiāngguān zhèngzhì jīgòu, zài zhèngzhì shàng qín qínkěn kěn, duì gōngzuò shífēn fùzé, duì rénmín yěshì shífēn àihù. Qīn xián chén ér yuǎn xiǎo rén, zhōuwén wáng zhēnzhèng de zuò dàole. Tā shǒuxià jùjíle yī dàpī de xiánmíng zhī cái, zhè pī réncái yě wéi zhīhòu tǎofá shāng cháo qǐ dàole hěn dà de zuòyòng, diàndìngle tǒngzhì de jīchǔ.

Ér zhōu wǔwáng zé shì jiāng tā de xiǎngfǎ fù zhū yú shíjiàn de rén, yě biàn shìliǎoliǎo tā fùqīn de yī zhuāng xīnyuàn.

KING WU ATTACKED ZHOU (武王伐纣)

1	历史悠久	Lìshǐ yōujiǔ	Have a long history
2	推移	Tuīyí	Elapse; pass; develop; evolve
3	越来越强大	Yuè lái yuè qiángdà	From strength to strength; become stronger and stronger; go from strength to strength
4	原本	Yuánběn	Original manuscript; master copy
5	部落	Bùluò	Tribe
6	吞并	Tūnbìng	Annex; gobble up; swallow up; merger
7	小国	Xiǎoguó	A small country; microstate
8	加剧	Jiājù	Aggravate; intensify; exacerbate
9	越来越	Yuè lái yuè	More and more
10	轻举妄动	Qīngjǔ wàngdòng	Act rashly and blindly; a leap in the dark; a rash and unconsidered action; behave lightly
11	连累	Liánlèi	Implicate; incriminate; involve; get somebody into trouble
12	老百姓	Lǎobǎixìng	Folk; common people; ordinary people; civilians
13	益处	Yìchu	Benefit; profit; good; advantage
14	加紧	Jiājǐn	Step up; speed up; intensify
15	临终	Línzhōng	Approaching one's end; immediately before one's death; on one's deathbed
16	挂念	Guàniàn	Lie at somebody's heart; worry about somebody who is absent; miss
17	嘱咐	Zhǔfù	Enjoin; tell; exhort; charge with a task

18	讨伐	Tǎofá	Send armed forces to suppress; send a punitive expedition against
19	继位	Jì wèi	Succeed to the throne; accede; accession to the throne
20	内忧外患	Nèiyōu wàihuàn	Domestic trouble and foreign invasion
21	带兵	Dài bīng	Head troops
22	不完全	Bù wánquán	Incomplete; imperfect
23	兵车	Bīngchē	Chariot
24	信誓旦旦	Xìnshì dàndàn	Take an oath devoutly; pledge in all sincerity and seriousness; vow solemnly; give somebody one's firm and solemn promise
25	战斗力	Zhàndòulì	Combat effectiveness; fighting capacity; sword
26	更进一步	Gèng jìnyībù	Further; furthermore; still further; go a step further
27	大军	Dàjūn	Main forces; army
28	兵力	Bīnglì	Military strength; armed forces; troops; numerical strength
29	更胜一筹	Gèng shèng yīchóu	Even better; be better by one tally; superior to
30	相形见绌	Xiāngxíng jiànchù	Be inferior by comparison; appear deficient in comparison; be effaced by the presence of a superior; be pale before
31	暴虐	Bàonüè	Brutal; cruel; despotic; tyrannical
32	民心	Mínxīn	Popular feelings; popular sentiments; popular support; common aspiration of the people
33	不堪一击	Bùkān yī jī	Cannot withstand a single blow; be finished off at one blow;

			cannot stand a fight; collapse at the first blow
34	非但	Fēidàn	Not only
35	就这样	Jiù zhèyàng	That's it; That's all; in this way
36	落得	Luòdé	Get; end in; result in
37	众叛亲离	Zhòngpàn qīnlí	Be deserted by one's followers; being isolated, forsaken by friends and allies
38	下场	Xiàchǎng	Go off stage; exit; leave the playing field; take one's exit
39	很容易	Hěn róngyì	Very easy; Easily; It's easy
40	都城	Dūchéng	Capital (of a country); manor for a minister
41	红极一时	Hóng jí yīshí	Enjoy popularity for a time
42	陨落	Yǔnluò	Fall from the sky of outer space

Chinese (中文)

　　周的历史悠久，随着时间的不断推移，周的力量也越来越强大。原本是西部的一个小部落，慢慢的向东延伸，不断吞并周边的小国，直到让商朝感到有威胁，周和商之间的矛盾加剧，关系也越来越紧张了。

　　周文王姬昌一直都有伐商的想法，但是也不敢轻举妄动，毕竟商朝的实力实力也是不可小觑的，一旦失败连累的只是广大老百姓，于国于人民都无益处。于是周文王加紧内部的建设，不断的强大自身。直到他临终前，挂念的还是伐商一事。他嘱咐姬发，一定要做好讨伐商朝的准备。

周武王姬发继位之后，趁着商朝内忧外患之时，毅然决定进攻商朝，而且由周武王亲自带兵。据不完全统计，这次出征大概有 4.5 万的兵力，300 架兵车，大部队信誓旦旦的向着商朝进攻。由于当时的商朝已经是腐败至极，失去民心，还引起了很多小国的不满。所以在这次大战当中，甚至有许多小国自发加入此次战斗，共同去讨伐商朝，整体的便战斗力更进一步了。

于是周武王率着大军和商纣王在牧野展开了最后一战。论兵力，商纣王更胜一筹，毕竟他召集了十几万的大军，周武王的兵力与商纣王相比还是相形见绌。但是，因为商纣王的暴虐统治，他已经失去了民心，连军队的战斗力也是不堪一击。商纣王的军队非但没有发挥他们应该有的威力，反而还有的帮助周武王。

就这样，商纣王最后落得个众叛亲离的下场。周武王的大军很容易的就攻进了商朝的都城，并且很快占领了这里。曾经红极一时的商朝，就此陨落。商纣王也知道毫无反转的可能性，最后自杀身亡。

Pinyin (拼音)

Zhōu de lìshǐ yōujiǔ, suízhe shíjiān de bùduàn tuīyí, zhōu de lìliàng yě yuè lái yuè qiángdà. Yuánběn shì xībù de yīgè xiǎo bùluò, màn man de xiàng dōng yánshēn, bùduàn tūnbìng zhōubiān de xiǎoguó, zhídào ràng shāng cháo gǎndào yǒu wēixié, zhōu hé shāng zhī jiān de máodùn jiājù, guānxì yě yuè lái yuè jǐnzhāngle.

Zhōuwén wángjī chāng yīzhí dōu yǒu fá shāng de xiǎngfǎ, dànshì yě bù gǎn qīngjǔwàngdòng, bìjìng shāng cháo de shílì shílì yěshì bùkě xiǎo qù de, yīdàn shībài liánlèi de zhǐshì guǎngdà lǎobǎixìng, yú guó yú rénmín dōu wú yìchu. Yúshì zhōuwén wáng jiājǐn nèibù de jiànshè, bùduàn de qiángdà zìshēn. Zhídào tā línzhōng qián, guàniàn de háishì fá shāng yīshì. Tā zhǔfù jī fā, yīdìng yào zuò hǎo tǎofá shāng cháo de zhǔnbèi.

Zhōu wǔwáng jī fā jì wèi zhīhòu, chènzhe shāng cháo nèiyōu wàihuàn zhī shí, yìrán juédìng jìngōng shāng cháo, érqiě yóu zhōu wǔwáng qīnzì dài bīng. Jù bù wánquán tǒngjì, zhè cì chūzhēng dàgài yǒu 4.5 Wàn de bīnglì,300 jià bīngchē, dà bùduì xìnshìdàndàn de xiàngzhe shāng cháo jìngōng. Yóuyú dāngshí de shāng cháo yǐjīng shì fǔbài zhìjí, shīqù mínxīn, hái yǐnqǐle hěnduō xiǎoguó de bùmǎn. Suǒyǐ zài zhè cì dàzhàn dāngzhōng, shènzhì yǒu xǔduō xiǎoguó zìfā jiārù cǐ cì zhàndòu, gòngtóng qù tǎofá shāng cháo, zhěngtǐ de biàn zhàndòulì gēng jìnyībùle.

Yúshì zhōu wǔwáng lǜzhe dàjūn hé shāng zhòu wáng zài mùyě zhǎnkāile zuìhòu yī zhàn. Lùn bīnglì, shāng zhòu wánggèngshèng yīchóu, bìjìng tā zhàojíle shí jǐ wàn de dàjūn, zhōu wǔwáng de bīnglì yǔ shāng zhòu wáng xiāng bǐ háishì xiāngxíngjiànchù. Dànshì, yīnwèi shāng zhòu wáng de bàonüè tǒngzhì, tā yǐjīng shīqùle mínxīn, lián jūnduì de zhàndòulì yěshì bùkān yī jī. Shāng zhòu wáng de jūnduì fēidàn méiyǒu fāhuī tāmen yīnggāi yǒu de wēilì, fǎn'ér hái yǒu de bāngzhù zhōu wǔwáng.

Jiù zhèyàng, shāng zhòu wáng zuìhòu luòdé gè zhòngpànqīnlí de xiàchǎng. Zhōu wǔwáng de dàjūn hěn róngyì de jiù gōng jìnle shāng cháo de dūchéng, bìngqiě hěn kuài zhànlǐngle zhèlǐ. Céngjīng hóng jí yīshí de shāng cháo, jiùcǐ yǔnluò. Shāng zhòu wáng yě zhīdào háo wú fǎn zhuǎn de kěnéng xìng, zuìhòu zìshā shēnwáng.

ESTABLISHMENT OF THE KINGDOM IN THE ZHOU DYNASTY (周室初立)

1	占领	Zhànlǐng	Capture; occupy; seize; hold
2	基本上	Jīběn shàng	Mainly
3	接管	Jiēguǎn	Take over the control; take over; adapter; gas fitting
4	原来	Yuánlái	Original; former; in the first place
5	统治	Tǒngzhì	Rule; dominate; control; govern
6	兼并	Jiānbìng	Merger; annex
7	势力范围	Shìlì fànwéi	Sphere of influence; zone of influence
8	难题	Nántí	Difficult problem; a hard nut to crack; poser
9	分封制	Fēnfēng zhì	Feudal system of landholding
10	简单来说	Jiǎndān lái shuō	In short; In a nutshell.; simply put
11	同姓	Tóngxìng	Of the same surname
12	分封	Fēnfēng	Enfeoff
13	诸侯	Zhūhóu	Dukes or princes under an emperor; the feudal princes
14	一方面	Yī fāngmiàn	On the one hand
15	另一方面	Lìng yī fāngmiàn	On the other hand; the other side of the shield
16	统治	Tǒngzhì	Rule; dominate; control; govern
17	王室	Wángshì	Royal family
18	总的来说	Zǒng de lái shuō	In a word; on the whole; all in all; by and large
19	众星捧月	Zhòng xīng pěng yuè	A myriad of stars surround the moon; all the famous stars drawing a circle of admirers around him or her; All the stars bend towards the

			moon; Many people cluster around the one whom they respect
20	西周	Xīzhōu	The Western Zhou Dynasty
21	在当时	Zài dāngshí	At that time; in those days; at the time
22	行之有效	Xíng zhī yǒuxiào	Effective; effectual; prove effective; come into effect
23	儿子	Érzi	Son
24	成王	Chéng wáng	A surname
25	上位	Shàngwèi	Superior
26	当时	Dāngshí	Then; at that time; just at that moment; right away; at once; immediately
27	暂时	Zhànshí	Temporary; transient; for the time being
28	掌权	Zhǎngquán	Be in power; wield power; exercise control
29	不满	Bùmǎn	Resentful; discontented; dissatisfied
30	处处	Chùchù	Everywhere; in all respects
31	下位	Xiàwèi	Inferior
32	不仅如此	Bùjǐn rúcǐ	Not only that
33	小人	Xiǎo rén	A base person; villain; vile character
34	拉拢	Lālǒng	Draw somebody over to one's side; cozy up to; rope in
35	叛乱	Pànluàn	Rebel; rise in rebellion; armed rebellion; insurrection
36	带兵	Dài bīng	Head troops
37	乱臣贼子	Luànchén zéizǐ	Treacherous ministers and traitors; rebellious ministers and villains; rebels and traitors; traitors and usurpers

38	平定	Píngdìng	Calm down; pacify
39	没有人	Méiyǒu rén	Nobody; never a one
40	王朝	Wángcháo	Imperial court; royal court

Chinese (中文)

周武王占领商朝后，基本上接管了商朝着原来的统治区域，而且还兼并了其他的一些小国，势力范围更大了。但是面对如此之大的一个国家，如何治理，是摆在周武王面前的一个难题。

最后，周武王采用的制度是分封制。简单来说就是在中央王朝之外，建立一个个诸侯国。将同姓的亲属，有功将领和商朝遗留的后代分封于各个诸侯国。这种做法一方面避免了内部的争斗，降低内耗。另一方面又妥善处置了商朝遗留下来的人，能起到一个安抚人心的作用，降低他们再次叛乱的可能性。

各个诸侯国内有着自己的统治，同时各个诸侯国又围绕周西周王室，总的来说是起到了一个众星捧月的效果，这个制度对于刚刚成立的西周起到了很大的作用，历史证明这个制度在当时是行之有效的。

周武王死后，他的儿子成王上位。但是因为当时年龄尚小，所以暂时由周公掌权。管叔和蔡叔对他感到十分不满，处处想方设法拉他下位。

不仅如此，这两个小人还拉拢其他诸侯国发动叛乱。周公亲自带兵，用了三年的时间将这些乱臣贼子平定，再也没有人敢胡作非为了。经过此次战争后，周王朝的势力得到了进一步的巩固。

Pinyin (拼音)

Zhōu wǔwáng zhànlǐng shāng cháo hòu, jīběn shàng jiēguǎnle shāng cháozhe yuánlái de tǒngzhì qūyù, érqiě hái jiānbìngle qítā de yīxiē xiǎoguó, shìlì fànwéi gèng dàle. Dànshì miàn duì rúcǐ zhī dà de yīgè guójiā, rúhé zhìlǐ, shì bǎi zài zhōu wǔwáng miànqián de yīgè nántí.

Zuìhòu, zhōu wǔwáng cǎiyòng de zhìdù shì fēnfēng zhì. Jiǎndān lái shuō jiùshì zài zhōngyāng wáng zhāo zhī wài, jiànlì yīgè gè zhūhóu guó. Jiāng tóngxìng de qīnshǔ, yǒugōng jiànglǐng hé shāng cháo yíliú de hòudài fēnfēng yú gège zhūhóu guó. Zhè zhǒng zuòfǎ yī fāngmiàn bìmiǎnle nèibù de zhēngdòu, jiàngdī nèihào. Lìng yī fāngmiàn yòu tuǒshàn chǔzhìle shāng cháo yíliú xiàlái de rén, néng qǐ dào yīgè ānfǔ rénxīn de zuòyòng, jiàngdī tāmen zàicì pànluàn de kěnéng xìng.

Gège zhūhóu guónèi yǒuzhe zìjǐ de tǒngzhì, tóngshí gège zhūhóu guó yòu wéirào zhōu xīzhōu wángshì, zǒng de lái shuō shì qǐ dàole yīgè zhòng xīng pěng yuè de xiàoguǒ, zhège zhìdù duìyú gānggāng chénglì de xīzhōu qǐ dàole hěn dà de zuòyòng, lìshǐ zhèngmíng zhège zhìdù zài dāngshí shì xíng zhī yǒuxiào de.

Zhōu wǔwáng sǐ hòu, tā de ér zǐ chéng wáng shàngwèi. Dànshì yīnwèi dāngshí niánlíng shàng xiǎo, suǒyǐ zhànshí yóu zhōugōng zhǎngquán. Guǎn shū hé cài shū duì tā gǎndào shífēn bùmǎn, chùchù xiǎngfāngshèfǎ lā tā xiàwèi.

Bùjǐn rúcǐ, zhè liǎng gè xiǎo rén hái lālǒng qítā zhūhóu guó fādòng pànluàn. Zhōugōng qīnzì dài bīng, yòngle sān nián de shíjiān jiāng zhèxiē luànchén zéizǐ píngdìng, zài yě méiyǒu rén gǎn húzuòfēiwéile. Jīngguò cǐ cì zhànzhēng hòu, zhōu wángcháo de shìlì dédàole jìnyībù de gǒnggù.

GOVERNANCE OF CHENGKANG (成康之治)

1	指的是	Zhǐ de shì	Refers to; mean
2	成王	Chéng wáng	A surname
3	纷争	Fēnzhēng	Dispute; wrangle
4	动荡	Dòngdàng	Turbulence; upheaval; unrest; being shaky and unstable
5	开启	Kāiqǐ	Open
6	一个人	Yīgè rén	One person
7	周朝	Zhōu cháo	Zhou Dynasty (1045 BC-221 BC)
8	说起来	Shuō qǐlái	In fact; as a matter of fact
9	可是	Kěshì	But; yet; however
10	辅佐	Fǔzuǒ	Assist a ruler in governing a country
11	君主	Jūnzhǔ	Monarch; sovereign
12	生动	Shēngdòng	Lively; vivid
13	一生	Yīshēng	A lifetime; all one's life; throughout one's life
14	献给	Xiàn gěi	Present to, give
15	国家	Guójiā	Country; state; nation
16	执政	Zhízhèng	Be in power; hold power; be in office; be at the helm of the state
17	时候	Shíhòu	Time
18	鹤立鸡群	Hèlìjīqún	An outstanding talent; like a crane standing among chickens; stand head and shoulders above others
19	尤其	Yóuqí	Especially; particularly

20	孝顺	Xiàoshùn	Show filial obedience; filial piety
21	忠诚	Zhōngchéng	Loyal; faithful; staunch; fidelity
22	闻名	Wénmíng	Well-known; famous; renowned
23	常人	Chángrén	Ordinary person; common people; the man in the street
24	得到	Dédào	Get; obtain; gain; receive
25	重用	Zhòngyòng	Put somebody in an important position
26	在位	Zài wèi	Be on the throne; reign
27	忧愁	Yōuchóu	Sad; worried; depressed
28	难题	Nántí	Difficult problem; a hard nut to crack; poser
29	一直以来	Yīzhí yǐlái	All along; all this time; always
30	尤其是	Yóuqí shì	In particular; the more so; to crown all
31	开国	Kāiguó	Found a state
32	百废俱兴	Bǎi fèi jù xīng	All neglected tasks are being undertaken -- to full-scale reconstruction is under way; do everything at once; put a hundred broken things right at the same time
33	计谋	Jìmóu	Scheme; stratagem; plot
34	统治	Tǒngzhì	Rule; dominate; control; govern
35	上位	Shàngwèi	Superior
36	年纪	Niánjì	Age
37	心智	Xīnzhì	Wisdom of mind

38	不成熟	Bù chéngshú	Immature
39	政事	Zhèngshì	Government affairs
40	发热	Fārè	Give out heat; generate heat; heating; warming
41	教导	Jiàodǎo	Instruct; teach; give guidance; enlighten
42	小人	Xiǎo rén	A base person; villain; vile character
43	身体力行	Shēntǐlìxíng	Set an example by personally taking part; carry out by actual efforts
44	言传身教	Yánchuán shēnjiào	Teach by precept and example; instruct and influence others by one's word and deed
45	成王	Chéng wáng	A surname
46	富饶	Fùráo	Richly endowed; fertile; abundant; rich
47	担惊受怕	Dānjīng shòupà	Feel alarmed; be in a state of anxiety; remain in a state of apprehension
48	安居乐业	Ānjūlèyè	Live and work in peace; be settled in comfortable jobs; enjoy a good and prosperous life
49	日落	Rìluò	Sunset

Chinese (中文)

成康之治指的是的是成王和康王统治的时期，也正是这个时期，结束了以往的纷争和动荡，开启了和平的时代，这也是很重要的一个分割点。但是这个时代的开启，有一个人起到了至关重要的作用，可以说没有他就没有当时的周朝，也就不会有成康之治的出现，这个人就是周公。

说起来，周公可是一位辅佐了好几代的老臣了，给几任的君主都上了生动的一课，将自己的一生都献给了国家。

文王执政的时候，周公便鹤立鸡群，尤其以他的孝顺和忠诚闻名，是常人不可比的，因此也得到了文王的重用。

武王在位期间，周公也为武王解决了很多忧愁和难题。一直以来，周公都是舍小家为大家，将国家的整体利益摆在个人的利益之前。尤其是开国时期，百废俱兴，周公献了许多计谋，这对当时的统治起到了极大的稳定作用。

直到成王上位的时候，因为成王年纪尚小，心智不成熟，缺乏理政能力，所以由周公代理政事。直到成王亲自理政后，周公也仍在发光发热，教导成王应该勤政爱民，重用贤臣，远离小人。

这是因为周公的身体力行，言传身教，成王和后来的康王在位期间，社会稳定，国家富饶，老百姓再也不用像之前那样担惊受怕，而是每天安居乐业，过着日出而作，日落而息的幸福生活。

Pinyin (拼音)

Chéng kāngzhī zhì zhǐ de shì de shì chéng wáng hé kāngwáng tǒngzhì de shíqí, yě zhèngshì zhège shíqí, jiéshùle yǐwǎng de fēnzhēng hé dòngdàng, kāiqǐle hépíng de shídài, zhè yěshì hěn zhòngyào de yīgè fēngē diǎn. Dànshì zhège shídài de kāiqǐ, yǒuyī gèrén qǐ dàole zhì guān zhòngyào de zuòyòng, kěyǐ shuō méiyǒu tā jiù méiyǒu dāngshí de zhōu cháo, yě jiù bù huì yǒu chéng kāngzhī zhì de chūxiàn, zhège rén jiùshì zhōugōng.

Shuō qǐlái, zhōugōng kěshì yī wèi fǔzuǒle hǎojǐ dài de lǎochénle, gěi jǐ rèn de jūnzhǔ dōu shàngle shēngdòng de yī kè, jiāng zìjǐ de yīshēng dōu xiàn gěile guójiā.

Wénwáng zhízhèng de shíhòu, zhōugōng biàn hèlìjīqún, yóuqí yǐ tā de xiàoshùn he zhōngchéng wénmíng, shì chángrén bù kěbǐ de, yīncǐ yě dédàole wénwáng de zhòngyòng.

Wǔwáng zài wèi qíjiān, zhōugōng yě wèi wǔwáng jiějuéle hěnduō yōuchóu hé nántí. Yīzhí yǐlái, zhōugōng dōu shì shě xiǎo jiā wéi dàjiā, jiāng guójiā de zhěngtǐ lìyì bǎi zài gèrén de lìyì zhīqián. Yóuqí shì kāiguó shíqí, bǎi fèi jù xīng, zhōugōng xiànle xǔduō jìmóu, zhè duì dāngshí de tǒngzhì qǐ dàole jí dà de wěndìng zuòyòng.

Zhídào chéng wáng shàngwèi de shíhòu, yīn wéi chéng wáng niánjì shàng xiǎo, xīnzhì bù chéngshú, quēfá lǐ zhèng nénglì, suǒyǐ yóu zhōugōng dàilǐ zhèng shì. Zhídào chéng wáng qīnzì lǐ zhèng hòu, zhōugōng yě réng zài fāguāng fārè, jiàodǎo chéng wáng yīnggāi qín zhèng àimín, zhòngyòng xián chén, yuǎnlí xiǎo rén.

Zhè shì yīnwèi zhōugōng de shēntǐlìxíng, yánchuánshēnjiào, chéng wáng hé hòulái de kāngwáng zài wèi qíjiān, shèhuì wěndìng, guójiā fùráo, lǎobǎixìng zài yě bùyòng xiàng zhīqián nàyàng dānjīngshòupà, ér shì měitiān ānjūlèyè, guòzhe rì chū ér zuò, rìluò ér xī de xìngfú shēnghuó.

FROM PROSPERITY TO DECLINE (由盛转衰)

1	西周	Xīzhōu	The Western Zhou Dynasty
2	名叫	Míng jiào	Call; by the name of
3	得寸进尺	Décùnjìnchǐ	Reach out for a yard after taking an inch -- be insatiable
4	屡次	Lǚcì	Time and again; repeatedly
5	来犯	Lái fàn	Come to attack us; invade our territory
6	丝毫没有	Sīháo méiyǒu	Not a shred of; Not at all
7	悔改	Huǐgǎi	Repent and mend one's ways
8	心思	Xīnsī	Thought; idea
9	非但	Fēidàn	Not only
10	向着	Xiàngzhe	Turn towards; face; be opposite to
11	激化	Jīhuà	Sharpen; intensify; flare-up; become acute
12	尤其是	Yóuqí shì	In particular; the more so; to crown all
13	帝王	Dìwáng	Emperor; monarch
14	统治者	Tǒngzhì zhě	Ruler; sovereign
15	受苦	Shòukǔ	Suffer; have a rough time
16	暴虐	Bàonüè	Brutal; cruel; despotic; tyrannical
17	善待	Shàndài	Treat kindly/warmly/well
18	专政	Zhuānzhèng	Dictatorship
19	不允许	Bù yǔnxǔ	Not allow; inadmissibility
20	政事	Zhèngshì	Government affairs
21	一肚子	Yī dùzi	Completely full of
22	苦水	Kǔshuǐ	Bitter water; brackish water
23	不灵	Bù líng	Not work; be ineffective

24	痛苦	Tòngkǔ	Pain; suffering; agony; sore
25	苦不堪言	Kǔ bùkān yán	Suffer unspeakably
26	越来越多	Yuè lái yuè duō	More and more; increasingly; a growing number of
27	百姓	Bǎixìng	Common people; people
28	反抗	Fǎnkàng	Revolt; resist; react
29	发起	Fāqǐ	Initiate; sponsor; start; launch
30	暴动	Bàodòng	Rebellion; riot
31	抵抗	Dǐkàng	Resist; stand up to; oppose; resistance
32	当时	Dāngshí	Then; at that time
33	统治	Tǒngzhì	Rule; dominate; control; govern
34	有一些	Yǒu yīxiē	Some; rather
35	贤明	Xiánmíng	Wise and able; sagacious
36	终究	Zhōngjiù	Eventually; in the end; after all
37	杯水车薪	Bēishuǐ chēxīn	Trying to douse a huge fire with a cup of water; an extremely inadequate measure; a drop in the bucket
38	根本上	Gēnběn shàng	Fundamentally; basically; radically
39	从那以后	Cóng nà yǐhòu	Thereafter
40	世风日下	Shìfēng rì xià	The moral degeneration of the world is getting worse day by day
41	衰败	Shuāibài	Decline; wane; be on the wane

Chinese (中文)

和平的日子总是短暂的，西周到了后期，实力有所削减。而且周边一个名叫犬戎的部落日益崛起，垄断了西周与其他国家交往的道路，这对西周造成了极大的威胁。尽管周王朝已经向犬戎开过战了，犬戎非但没有收敛，反而得寸进尺，屡次来犯，丝毫没有悔改的心思，这让西周的百姓深受其苦。

直到周厉王这一代，情况非但没有好转，反而向着更差的方向发展。原本只是外忧，现在内患也越来越严重了。内部的矛盾也越来越激化，尤其是帝王与百姓之间的矛盾，统治者治国无方，受苦的便是老百姓。

同时周厉王也是一个暴虐的君主，不仅没有善待老百姓，反而虐待人民，而且十分专政，不允许老百姓议论政事，尤其是不能议论他，还不能有任何反对的声音传进他的耳朵里，否则格杀无论。人们是有苦难言，一肚子苦水无处洒，日子过得一天比一天艰苦，叫天天不应，叫地地不灵。

战争给人民带来的痛苦还能忍一忍，连国家内部都苦不堪言，。越来越多的百姓开始反抗，并且发起了一些暴动，就是为了抵抗当时的统治。

虽然周厉王死后，也有一些贤明的帝王上位，做出了一些政策上的改变，试图挽救正在下行的国家，但也终究是杯水车薪，不能从根本上解决西周的问题。从那以后，西周世风日下，一波未平一波又起，长期的损耗导致西周走向衰败。

Pinyin (拼音)

Hépíng de rìzi zǒng shì duǎnzàn de, xīzhōu dàole hòuqí, shílì yǒu suǒ xuējiǎn. Érqiě zhōubiān yīgè míng jiào quǎn róng de bùluò rìyì juéqǐ, lǒngduànle xīzhōu yǔ qítā guójiā jiāowǎng de dàolù, zhè duì xīzhōu zàochéngle jí dà de wēixié. Jǐnguǎn zhōu wángcháo yǐjīng xiàng quǎn róng kāiguò zhànle, quǎn róng fēidàn méiyǒu shōuliǎn, fǎn'ér décùnjìnchǐ, lǚcì lái fàn, sīháo méiyǒu huǐgǎi de xīnsī, zhè ràng xīzhōu de bǎixìng shēn shòu qí kǔ.

Zhídào zhōu lì wáng zhè yīdài, qíngkuàng fēidàn méiyǒu hǎozhuǎn, fǎn'ér xiàngzhe gèng chà de fāngxiàng fāzhǎn. Yuánběn zhǐshì wài yōu, xiànzài nèi huàn yě yuè lái yuè yánzhòngle. Nèibù de máodùn yě yuè lái yuè jīhuà, yóuqí shì dìwáng yǔ bǎixìng zhī jiān de máodùn, tǒngzhì zhě zhìguó wú fāng, shòukǔ de biàn shì lǎobǎixìng.

Tóngshí zhōu lì wáng yěshì yīgè bàonüè de jūnzhǔ, bùjǐn méiyǒu shàndài lǎobǎixìng, fǎn'ér nüèdài rénmín, érqiě shífēn zhuānzhèng, bù yǔnxǔ lǎobǎixìng yìlùn zhèngshì, yóuqí shì bùnéng yìlùn tā, hái bùnéng yǒu rènhé fǎnduì de shēngyīn chuán jìn tā de ěrduǒ lǐ, fǒuzé gé shā wúlùn. Rénmen shì yǒu kǔnàn yán, yī dùzi kǔshuǐ wú chù sǎ, rìziguò dé yītiān bǐ yītiān jiānkǔ, jiào tiāntiān bù yìng, jiào de dì bù líng.

Zhànzhēng jǐ rénmín dài lái de tòngkǔ hái néng rěn yī rěn, lián guójiā nèibù dōu kǔ bùkān yán,. Yuè lái yuè duō de bǎixìng kāishǐ fǎnkàng, bìngqiě fāqǐle yīxiē bàodòng, jiùshì wèile dǐkàng dāngshí de tǒngzhì.

Suīrán zhōu lì wáng sǐ hòu, yěyǒu yīxiē xiánmíng de dìwáng shàngwèi, zuò chūle yīxiē zhèngcè shàng de gǎibiàn, shìtú wǎnjiù zhèngzài xiàxíng de guójiā, dàn yě zhōngjiù shì bēishuǐchēxīn, bùnéng cóng gēnběn shàng jiějué xīzhōu de wèntí. Cóng nà yǐhòu, xīzhōu shìfēng rì xià, yī bō wèi píngyī bō yòu qǐ, chángqí de sǔnhào dǎozhì xīzhōu zǒuxiàng shuāibài.

THE DEMISE OF THE WESTERN ZHOU DYNASTY (西周的灭亡)

1	西周	Xīzhōu	The Western Zhou Dynasty
2	灭亡	Mièwáng	Be destroyed; become extinct; perish; die out
3	有名	Yǒumíng	Well-known; famous; celebrated
4	说起来	Shuō qǐlái	In fact; as a matter of fact
5	陌生	Mòshēng	Strange; unfamiliar; inexperienced
6	课本	Kèběn	Textbook
7	那就是	Nà jiùshì	That is; that is to say
8	烽火	Fēnghuǒ	Beacon-fire; beacon; flames of war
9	西周	Xī zhōu	The Western Zhou Dynasty
10	末代皇帝	Mò dài huángdì	The last emperor of a dynasty
11	也就是	Yě jiùshì	Namely; i.e.; that is
12	大错	Dà cuò	Blunder; grave mistake
13	任用	Rènyòng	Give one a post; appoint; assign somebody to a post
14	贪财好利	Tāncái hào lì	Covet wealth and profits
15	朝政	Cháozhèng	Affairs of state; the political situation and power of an imperial government
16	不满意	Bù mǎnyì	Unsatisfactory; dissatisfaction; Dissatisfied
17	这时候	Zhè shíhòu	This time; at this point; At that moment
18	天灾	Tiānzāi	Natural disaster; act of god
19	时常	Shícháng	Often; frequently; now and again
20	肆虐	Sìnüè	Indulge in wanton massacre or persecution; wreak havoc

21	仿佛	Fǎngfú	Seem; as if; be more or less the same; be alike
22	老天	Lǎo tiān	God; heaven
23	作对	Zuòduì	Set oneself against; oppose
24	苦不堪言	Kǔ bùkān yán	Suffer unspeakably
25	雪上加霜	Xuěshàng jiāshuāng	Snow plus frost -- one disaster after another
26	溺爱	Nì'ài	Spoil; dote on
27	妃子	Fēizi	Imperial concubine
28	废除	Fèichú	Abolish; abrogate; annul; annihilate
29	原本	Yuánběn	Original manuscript; master copy
30	皇后	Huánghòu	Empress
31	当众	Dāngzhòng	In the presence of all; in public; before the public; openly
32	荒谬	Huāngmiù	Absurd; preposterous
33	烽火台	Fēnghuǒ tái	Beacon tower
34	点燃	Diǎnrán	Light; ignite; enkindle; kindle
35	援救	Yuánjiù	Relief; rescue; save; deliver from danger
36	严肃	Yánsù	Serious; solemn; earnest
37	庄重	Zhuāngzhòng	Serious; grave; solemn
38	擅自	Shànzì	Do something without authorization; take the liberty; arbitrarily
39	大批	Dàpī	Large quantities of; a smart of
40	出动	Chūdòng	Set out; start off; call out; send out
41	戏弄	Xìnòng	Make fun of; play tricks on; poke fun at; dupe
42	果然	Guǒrán	Really; as expected; sure enough
43	忍俊不禁	Rěnjùn bùjīn	Simmer with laughter; cannot avoid laughing at

44	反反复复	Fǎn fǎnfù fù	Again and again; over and over again
45	一开始	Yī kāishǐ	In the outset
46	毕竟	Bìjìng	After all; all in all; when all is said and done; in the final analysis
47	跌倒	Diédǎo	Fall; tumble
48	在哪里	Zài nǎlǐ	Where; Where is; whereabouts
49	惊慌	Jīnghuāng	Alarmed; scared; panic-stricken
50	连忙	Liánmáng	Promptly; immediately; instantly; in a hurry
51	没有人	Méiyǒu rén	Nobody; never a one
52	自食恶果	Zì shí èguǒ	Be hoisted by one's own petard; become the victim of one's own evil deeds
53	都城	Dūchéng	Capital (of a country)
54	守卫	Shǒuwèi	Guard; defend
55	敌军	Dí jūn	Enemy troops; the enemy; hostile forces
56	杀得片甲不留	Shā dé piàn jiǎ bù liú	Completely destroy the enemy
57	他们的	Tāmen de	Their; theirs
58	等到	Děngdào	By the time; when
59	人马	Rénmǎ	Forces; troops
60	自知	Zì zhī	Be oneself aware (that); know oneself
61	打不过	Dǎ bùguò	Be no fighting match for
62	带走	Dài zǒu	Take/bring away
63	一大批	Yī dàpī	Host; rush
64	珍宝	Zhēnbǎo	Jewelry; treasure; gem
65	火把	Huǒbǎ	Torch

Chinese (中文)

要说西周的灭亡，那应该是比较有名的了，说起来，大家应该都不陌生，因为这个故事被编入了中学课本之中，那就是烽火戏诸侯。

西周的末代皇帝，也就是周幽王，他一上任就犯了一个大错。他任用了一个贪财好利的人执政，导致朝政十分腐败，进一步激发了内部的矛盾，老百姓对最高统治者的执政十分不满意。

这时候的天灾也时常肆虐，仿佛连老天都跟他们作对一般，让本就苦不堪言的老百姓雪上加霜。

但最为致命的是，周幽王过度溺爱他的一个妃子，这女子名叫褒姒。周幽王像是着了她的道一样，废除自己原本的正后，改立她为皇后。为了博她开心，当众烽火戏诸侯，可见有多么荒谬。

烽火台本来是一个报警的载体，当有贼寇入侵时，士兵们便点燃烽火台，以此为信号，要求人来援救。这本应该是很严肃庄重的一件事情，但是周幽王为博褒姒一笑，擅自点燃烽火台。一接到信号，大批军队出动，赶来救援却发现被戏弄了。

褒姒看了之后果然忍俊不禁，周幽王开心极了。只要能够逗她开心，做什么他也愿意。于是周幽王反反复复点燃了好几次烽火台，一开始还有人相信，到后面根本就不愿相信了，毕竟吃一堑长一智，从哪里跌倒了，便不会在哪里再跌倒一次。

后来贼寇犬戎真的攻进来了，周幽王十分惊慌，连忙命人点燃烽火台，但是这个时候已经没有人相信他了，最终是周幽王自食恶果。都城的守卫军被敌军杀得片甲不留，周幽王最后也死在他们的刀下。

等到各诸侯反应过来这是真的时候，已经晚了，赶来救援的时候周幽王已经被杀。而犬戎看到大批人马赶过来救援，自知正面打是打不过的，于是带走了一大批珍宝，走之前还不忘放一把火把都城给烧了。

Pinyin (拼音)

Yào shuō xīzhōu de mièwáng, nà yīnggāi shì bǐjiào yǒumíng dele, shuō qǐlái, dàjiā yīnggāi dōu bù mòshēng, yīnwèi zhège gùshì bèi biān rùle zhōngxué kèběn zhī zhōng, nà jiùshì fēnghuǒ xì zhūhóu.

Xīzhōu de mòdài huángdì, yě jiùshì zhōu yōuwáng, tā yī shàngrèn jiù fànle yīgè dà cuò. Tā rènyòngle yīgè tāncái hào lì de rén zhízhèng, dǎozhì cháozhèng shífēn fǔbài, jìnyībù jīfāle nèibù de máodùn, lǎobǎixìng duì zuìgāo tǒngzhì zhě de zhízhèng shífēn bù mǎnyì.

Zhè shíhòu de tiānzāi yě shícháng sìnüè, fǎngfú lián lǎo tiān dū gēn tāmen zuòduì yībān, ràng běn jiù kǔ bùkān yán de lǎobǎixìng xuěshàngjiāshuāng.

Dàn zuìwéi zhìmìng de shì, zhōu yōuwáng guòdù nì'ài tā de yīgè fēizi, zhè nǚzǐ míng jiào bāo sì. Zhōu yōuwáng xiàng shìzhele tā de dào yīyàng, fèichú zìjǐ yuánběn de zhèng hòu, gǎi lì tā wèi huánghòu. Wèile bó tā kāixīn, dāngzhòng fēnghuǒ xì zhūhóu, kějiàn yǒu duōme huāngmiù.

Fēnghuǒ tái běnlái shì yīgè bàojǐng de zàitǐ, dāng yǒu zéikòu rùqīn shí, shìbīngmen biàn diǎnrán fēnghuǒ tái, yǐ cǐ wéi xìnhào, yāoqiú rén lái yuánjiù. Zhè běn yìng gāi shì hěn yánsù zhuāngzhòng de yī jiàn shìqíng, dànshì zhōu yōuwáng wèi bó bāo sì yīxiào, shànzì diǎnrán fēnghuǒ tái. Yī jiē dào xìnhào, dàpī jūnduì chūdòng, gǎn lái jiùyuán què fāxiàn bèi xìnòngle.

Bāo sì kàn liǎo zhīhòu guǒrán rěnjùnbùjīn, zhōu yōuwáng kāixīn jíle. Zhǐyào nénggòu dòu tā kāixīn, zuò shénme tā yě yuànyì. Yúshì zhōu yōuwáng fǎn fǎnfù fù diǎnránle hǎojǐ cì fēnghuǒ tái, yī kāishǐ hái yǒurén xiāngxìn, dào hòumiàn gēnběn jiù bù yuàn xiāngxìnle, bìjìng chī yī qiàn zhǎng yī zhì, cóng nǎlǐ diédǎole, biàn bù huì zài nǎlǐ zài diédǎo yīcì.

Hòulái zéikòu quǎn róng zhēn de gōng jìnláile, zhōu yōuwáng shífēn jīnghuāng, liánmáng mìng rén diǎnrán fēnghuǒ tái, dànshì zhège shíhòu yǐjīng méiyǒu rén xiāngxìn tāle, zuìzhōng shì zhōu yōuwáng zì shí èguǒ. Dūchéng de shǒuwèi jūn bèi dí jūn shā dé piàn jiǎ bù liú, zhōu yōuwáng zuìhòu yě sǐ zài tāmen de dāo xià.

Děngdào gè zhūhóu fǎnyìng guòlái zhè shì zhēn de shíhòu, yǐjīng wǎnle, gǎn lái jiùyuán de shíhòu zhōu yōuwáng yǐjīng bèi shā. Ér quǎn róng kàn dào dàpī rénmǎ gǎn guòlái jiùyuán, zì zhī zhèngmiàn dǎ shì dǎ bùguò de, yúshì dài zǒule yī dàpī zhēnbǎo, zǒu zhīqián hái bù wàng fàng yī bǎ huǒbǎ dūchéng gěi shāole.

www.QuoraChinese.com

www.ingramcontent.com/pod-product-compliance
Lightning Source LLC
LaVergne TN
LVHW062000070526
838199LV00060B/4224